BEI GRIN MACHT SICH IHR
WISSEN BEZAHLT

- Wir veröffentlichen Ihre Hausarbeit,
  Bachelor- und Masterarbeit

- Ihr eigenes eBook und Buch -
  weltweit in allen wichtigen Shops

- Verdienen Sie an jedem Verkauf

Jetzt bei www.GRIN.com hochladen
und kostenlos publizieren

GRIN ☺

Kinga Gmiat

Einführung in die romanische Sprachwissenschaft

Vorlesungsmitschrift

GRIN Verlag

Bibliografische Information der Deutschen Nationalbibliothek:

Die Deutsche Bibliothek verzeichnet diese Publikation in der Deutschen National-
bibliografie; detaillierte bibliografische Daten sind im Internet über http://dnb.d-
nb.de/ abrufbar.

Impressum:

Copyright © 2014 GRIN Verlag GmbH
Druck und Bindung: Books on Demand GmbH, Norderstedt Germany
ISBN: 978-3-656-71281-7

Dieses Buch bei GRIN:

http://www.grin.com/de/e-book/278091/einfuehrung-in-die-romanische-sprachwis-
senschaft

GRIN - Your knowledge has value

Der GRIN Verlag publiziert seit 1998 wissenschaftliche Arbeiten von Studenten, Hochschullehrern und anderen Akademikern als eBook und gedrucktes Buch. Die Verlagswebsite www.grin.com ist die ideale Plattform zur Veröffentlichung von Hausarbeiten, Abschlussarbeiten, wissenschaftlichen Aufsätzen, Dissertationen und Fachbüchern.

Einführung in die romanische Sprachwissenschaft

Funktion der Sprache: Vorstellungsinhalte/Ideen werden mit Hilfe von sprachlichen Zeichen vermittelt

→ Sprachliche Zeichen werden an eine Lautform gebunden und sind immer linear (sie werden auf einer „Realisationsebene" realisiert)

→ Sprachliche Zeichen bedeuten die Realisierung eines Wortes noch ohne Bedeutung

Sprecher:

→ die Idee ist im Kopf nicht linear

→ es erfolgt bei ihm eine Kategorisierung (das Objekt wird einer Kategorie und einem Wortlaut zugeordnet): dies findet in einer gemeinsamen Sprache statt, sodass der beliebige Hörer die Informationen ebenfalls verstehen kann

Hörer:

→ er referiert zu demselben Objekt (Referenz: Konzept ist dem Hörer bekannt) und versteht die Idee des Sprechers (dank der Konzeptualisierung)

Artikulationsorgane:

Nasenraum, Lippen, Zähne, Zahndamm, harter Gaumen, weicher Gaumen, Zäpfchen, Mundhöhle, Zungenspitze, Zungenrücken, Kehlkopf, Stimmlippen, Luftröhre

Organe, die an der Lautbildung beteiligt sind:

Nase, Kehlkopf, Gaumen, Rachen, Zunge, Kehldeckel, Luftröhre, Schlüsselbein, Brustbein und Rippen, Lunge, Zwerchfell

Voraussetzung zur Lauterzeugung:

Atmung und Ausatmung, Kehlkopfschwingung

Phonologie/Phonetik

Das Luftstromverhalten ist beeinträchtigt bei Konsonanten, nicht bei Vokalen.

Beim Reden: Öffnungs- und Schließbewegungen wechseln sich ab

Artikulationsarten (Konsonanten):

Frikative (leichte Engbildung:): [s], [z]

Laterale (partieller Verschluss): [l]

Vibrante: [r], [rr]

Nasale (Senkung des Gaumens): [n]

Plosive (vollständiger Verschluss): [t], [d]

Affrikate (Reibelaut): [ts], [tsch]

Vokale (Differenzierungen):

1. Öffnungsgrad (geschlossen/halb geschlossen/halboffen/offen)

2. Zungenstellung (vordere (palatale)/mittlere (zentrale)/hintere (velare))

3. Lippenstellung (gerundet/gespreizt)

4. Stellung des Gaumensegels (Nasalität)

Vokaltrapez:

Beschreibt die Kardinalvokale (Extrempositionen der Zunge)

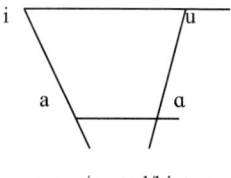

vorne/zentral/hinten

Artikulationsort:

Bilabial (Unterlippe an Oberlippe): [p], [b]

Labiodental (Unterlippe an oberen Schneidezähnen): [f], [w]

Dental (Zungenspitze an Schneidezähnen): [t], [d]

Alveolar (Zungenspitze an Alveolen): [s], [z], [l], [n]

Palatal (mittlere Zunge am hinteren Gaumen): [j]

Velar (hinterer Zungenrücken am weichen Gaumen): [k], [g], [ŋ]

Inter-dental (Zungenspitze zwischen den Zähnen): [θ], [ð]

→ Typisierungen von Äußerungen nötig, um den Sprecher trotz schwankender Aussprache zu verstehen (die Zuordnung der Realsierung zu allen Lauttypen ist abstrakt), man filtert heraus, welche Informationen zum Verständnis wichtig sind und welche nicht

2 Ebenen der sprachlichen Kommunikation:

1. Sprachliche Realisation (physikalisch) („parole" genannt)
2. Sprachliche Systematik (abstrakt) („langue" genannt)

→ Zusätzlich zur Typisierung nötig: abstrakte Zuordnung der Lautrealisation zu einem Lauttypen („type" genannt), das beinhaltet: die Abgrenzung verschiedener Lauttypen

Phoneme:

/heben/ versus /haben/   bedeutungsdifferenziert, hilft, Bedeutungen zu unterscheiden

Phone:

[**heben**] versus [**haben**]   2 sprachliche Zeichen

➜ Die unterschiedliche Realisation eines Phonems heißt „Allophon"

Ein „Allophon" kann frei oder positionsbedingt sein:

| Keine Bedeutungsunterscheidung | Phone sind nicht in gleicher Umgebung, |
| bei unterschiedlichen Phonemen | nur vom Laut her eng verwandt |

Lexikologie/Lexikographie

Lexikologie: Lehre vom Wortschatz
Lexikographie: Lehre vom Wörterbuch

➜ Lexikon ist kein Wörterbuch!!!, da keine Erklärungen, sondern Wörter vorkommen

„Wortschatz":

1. Abstraktes Inventar von Wörtern (kollektiv (der jeweiligen Sprache z. B. des Italienischen, Deutschen, etc), individuell (Sprecher), sektoriell (Informatik, Jugendsprache, etc))
2. Konkrete Verwendung von Wörtern
3. Konkretes Inventar von Wörtern (z. B. Wörterbuch)

Lexem: Grundform, abstrakt, z. B.: „fliegen"

Wort: konkretes Vorkommen, z. B. „er fliegt" oder „wir flogen"

Lexem= freies lexikalisches Morphem

Siehe Beispiel „**blumig**:"

„blum-": gebundenes lexikalisches Morphem

„-ig": gebundenes Wortbildungsmorphem, (hier auch ein Suffix)

Blume„-n": Flexionsmorphem

Einfaches Lexem: messen, Topf, Stab

Komplexes Lexem: Blumentopf, Todesmaske, blumig

Synchrone Lexikologie: (synchron-> zu einem Zeitpunkt untersuchend)

Frequenz

Korpus (Sammlung sprachlicher Taten)

Wortschatzstrukturen (paradigmatisch zum Beispiel Wortfelder oder Wortfamilien; syntagmatisch zum Beispiel Kollokationen)

Diachrone Lexikologie: (diachron-> Sprache im Verlauf der Zeit)

Etymologie

Bedeutungswandel

Entlehnungen

Wortgeschichte

Rolle der Wortbildung:

-Produktivität (endlose Zahl von Morphemen, unendliche Zahl vom Lexemen)

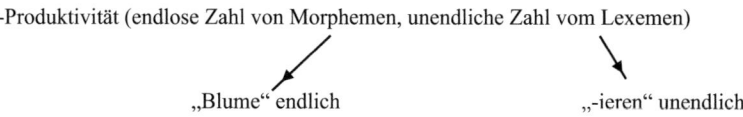

„Blume" endlich   „-ieren" unendlich

-Ermittlung von stilistischen und pragmatischen Möglichkeiten („unkaputtbar")

-Textkomprimierung (Trinker-> jemand, der gewohnheitsmäßig Alkohol trinkt)

Romanische Struktur:

Determinatum + Determinans: el coche rojo (Linksdeterminierung)

Germanische Struktur:

Determinans + Determinatum: das rote Auto (Rechtsdeterminierung)

Wortbildungsarten:

-Komposita (Zusammensetzungen): z. B. homre-rana, lavaplatas

-Derivationen (Ableitungen):

            1. ent-laden, hiper-sensibel (mit Präfixen)
            2. Lad-ung, jardin-ero (mit Suffixen)
            3. Ent-lad-ung, em-botella-miento (mit beidem)

-Akronyme (KFZ, NATO, SIDA)

-Kurzwörter (Prof, Bahn)

-Kontamination (smirten: smoke und flirten)

Wörter sind:

<u>Produktiv</u>: Neubildungen sind nachweisbar

<u>Vital</u>: nicht mehr produktiv, aber die innere Struktur ist noch erkennbar

<u>Motiviert</u>: wenn Beziehung zwischen Wort und Basis durchsichtig (also erkennbar) ist

<u>Blockiert</u>: Wortbildungsmuster funktionieren nicht („Frau" und „Fräulein" existieren in einer anderen Bedeutung/„Stehler" versus „Dieb": es besteht bereits ein anderes Lexem)

<u>Lexikalisiert</u>: nicht mehr durchsichtig/erkennbar („Hochzeit"), frühere Bedeutung ist verlorengegangen

Mehrgliedrige Verbindungen:

1. Funktionsverbgefüge: „in-Erwägung-ziehen"
2. Kollokationen: „beißende Kälte", „finsteres Gesicht"
3. Routineformeln: „Frohes Neues Jahr"
4. Redewendungen: „Ohne Wenn und Aber"

Paradigmatische semantische Beziehungen:

1. Wortfelder: z. B. Wortfeld es Lachens-> lächeln, grinsen, kichern, etc.
2. Hyperonyme/Hyponyme: übergeordneter Inhalt (Metall)/untergeordneter Inhalt (Blei)
3. Meronymie: Teil-Ganzes-Beziehung (Kopf, Hals, Arm<- Körper)

Homonymie:

Zufällig gleiche Aussprache zweier Wörter mit unterschiedlichen Bedeutungen. z. B. „Schloss"

Polysemie:

Ein Wort mit mehreren Bedeutungen, die untereinander ähnlich sind, z. B. „Pferd" (Tier und Schachfigur)

Semasiologie:

Beschäftigt sich mit Wortbedeutungen, z. B. Verbindung zwischen „Kohle" als Brennstoff und als Geld

Makrostruktur:

Struktur eines Wörterbuch

Mikrostruktur:

Eine Artikel im Wörterbuch

Lemma:

Einzelne Einträge im Wörterbuch

Wörterbuch:

Wortschatz allein, ohne Erklärungen

Lexikon:

Erklärungen der Wörter, enzyklopädische Definitionen

Unterschied

Enzyklopädische Definitionen

Genauere Definition

Muss nicht zwangsläufig eine Definition
Von einem Sprecher/Verwender des Wortes
sein

Sprachliche Definitionen

Was denken die Sprecher
(Befragungen)

Sprachgeschichte:

Externe/äußere:

Äußere Einflüsse,
die auf die deutsche Sprache einwirken

Interne/innere:

Veränderungen innerhalb
der Sprache selber

→ Politische und sprachliche Grenzen decken sich nicht
→ Einteilung der Romania entspricht ausgehenden Kaiserzeit: nimmt keine Rücksicht auf
  heutige Einteilung
→ Stützt sich allein auf den Befund der Mundarten

➔ Vulgärlatein: gesprochenes Latein

➔ Romania submersa: Gebiete einst römisch beeinflusst, romanische Sprachen sind verschwunden/zurückgegangen

➔ Romania continua: lateinische/romanische Sprachen wurden in den Gebieten kontinuierlich bewahrt, es sind keine größeren Brüche vorhanden

➔ Etymologie: Herkunft, Bedeutung der Wörter, ihre historische Entwicklung und Verwandtschaft mit anderen Wörtern gleichen Ursprungs, ebenfalls Umstände einer Wortbildung werden diachronisch untersucht

➔ Westromania: Merkmale: Erhaltung des auslautenden lateinischen –s, Erhaltung von [p], [t], [k], Plural der Substantive

Sprachwandel möglich durch:

Aufspaltung, Verschmelzung (Genera), Grammatikalisierung, Schematischer Wandel (Adverbbildung), Analogischer Wandel, Sprachkontakt

Variatätenlinguistik: Varianz im System->

1. Varianten eines Phonems: ich vs. ach
2. Plural (Nomen) beim Morphem: Hund vs. Hunde
3. Bestimmter Artikel maskulin Singular (Morphem): „lo" für „estudiante", „chico" etc.
4. Lexikalisch: yo puedo, tú puedes, etc.

Variation:

Phänomen des Variierens im gesamten Sprachsystem, z.B. augfrund von Herkunft

Varietät:

Ausschnitt aus gesamten Sprachsystem (Realisierungsformen aufgrund sozialer oder regionaler Merkmale)

Teilsystem, z. B. Varietät als Jugendsprache und Varietät als gesprochene Sprache, gleichzeitig bedeutet dies, dass Varietäten sich überlappen und überschneiden, da Jugendsprache und gesprochene Sprache miteinander verkettet und nicht trennbar sind

Variante:

Konkretes sprachliches Merkmal, das sprachlich geäußert wird

Synchrone Variation:

1. Diatopisch (Dialektologie, Sprachgeographie, Kontaktlinguistik)
2. Diastratisch (Soziolinguistik)
3. Diaphasisch (Stilistik, Pragmalinguistik, Textlinguistik)
4. Diamesisch (Gesprächsanalyse)

Zu 1: Variation im Hinblick auf geographische Herkunft, Typen: nationale und regionale Variationen (regionale beinhalten Dialekte, die älter und vollwertige Systeme sind und die Sprachen vorausgehen, Beispiele:Brötchen/Semmel/Wecken)

Zu 2: Variation im Hinblick auf den sozialen Kontakt (soziokulturelles Niveau, Beruf, Alter, Geschlecht, etc.), Beispiele: „El padre ques u jiho vino ayer" (statt „cuyo") oder „usté" statt „usted"

Zu. 3: Variation im Hinblick auf die Kommunikationssituation und die Sprechintention (vulgär, bildungssprachlich, formell, poetisch, humorvoll), Beispiel: „churra" anstatt „suerte" (coloquial)-> sehr ähnlich zur diastratischen Variation

Zu. 4: gesprochene versus geschriebene Sprache, Nähe- und Distanzsprache, Spontane Sprechsprache versus graphisch realisierte Sprache

Mögliche Kombinationen von gesprochener und geschriebener Sprache:

Spontane Sprache -> geographisch realisiert (wortgetreues Protokoll, tritt häufiger auf)

Schriftlicher Text -> phonisch realisiert (Vortrag, Vorlesung)

Universelle Phänomene der Nähesprache (gesprochene Sprache):

a) Gliederungssignale (spanisch: „entonces", „y", „pues", „sabes")
b) Kontaktsignale (Sprechersignale, spanisch: „venga", „no" und Hörersignale, spanisch: „no me digas", „claro")
c) c.) Markierte Wortstellung (beispielsweise Linkversetzung: „**Die Frau**, da drüben, hast du **die** gesehen?")

Pragmalinguistik:

➔ Was hat Sprache mit Handeln zu tun? Es hat auch eine Appellfunktion, eine indirekte Sprechabsicht

Interpersonelle Funktion der Sprache:

Ausdruck- und Appellfunktion, Sprechabsicht, Sprecher und Empfänger interagieren

Sprechakt:

Äußerung ist mit Absicht verbunden (entweder kommunikative oder handelnde)

Lokutionär: sprachlicher Akt an sich

Illokutionär: Absicht

Perlokutionär: erfüllte Absicht, Ergebnis, Realisierung

Direkt: „Fenster zu!" versus indirekt: „Es ist warm hier drinnen."

Höflichkeitsstrategien:

1. Positive: soziale Nähe versus negative: Distanz
2. Smalltalk
3. Potentielle Imagebedrohungen (beispielsweise bei einer OP: „Skalpell!")

Performative Verben:

- Handlung mit Äußerung zugleich vollzogen, offiziell: „ich begrüße Sie hiermit…"

- obligativ (unerfüllte Handlung, direkt: „Ich rate dir…") oder konstitutiv (erfüllte Handlung: „ich biete dir an…")

Präsuppositionen:

Gemeinsames Hintergrundwissen als gegeben vorausgesetzt

1. Konversationelle Präsupposition: individueller Wissenskontext
2. Konventionelle Präsupposition: gemeinsames Weltwissen
3. Kulturelle Präsupposition: kulturgebundenes Weltwissen

Kooperationsprinzip und Konversationsmaximen:

Kooperationsprinzip: Annahme, der Kommunikationspartner verhalte sich grundsätzlich kooperativ, das Einhalten stummer Regeln/Prinzipien

Konversationsmaxime: Annahme über kooperative sprachliche Interaktion

a) Quantität (informativ soweit nötig)
b) Qualität (der Beitrag ist wahr)
c) Relevanz
d) Modalität (es ist verständlich)